# SMOOTHIES

# SMOOTHIES

50 délicieuses recettes
de boissons à faible
teneur en glucides
pour une alimentation saine

## DANA CARPENDER

Auteure de
*500 recettes à faible teneur en glucides*

Copyright ©2005 Dana Carpender
Titre original anglais : Low-carb Smoothies
Copyright ©2005 Éditions AdA Inc. pour la traduction française
Cette publication est publiée en accord avec Fair Winds Press, Gloucester, MA

Éditeur : François Doucet
Traduction : Sylvain Guy Lemire
Révision linguistique : Nicole Demers, André St-Hilaire
Révision : Nancy Coulombe
Graphisme : Sébastien Rougeau
ISBN 2-89565-362-3
Première impression : 2005
Dépôt légal : troisième trimestre 2005
Bibliothèque Nationale du Québec
Bibliothèque Nationale du Canada

**Éditions AdA Inc.**
1385, boul. Lionel-Boulet
Varennes, Québec, Canada, J3X 1P7
Téléphone : 450-929-0296
Télécopieur : 450-929-0220
www.ada-inc.com
info@ada-inc.com

**Diffusion**
Canada : Éditions AdA Inc.
France : D.G. Diffusion
          Rue Max Planck, B. P. 734
          31683 Labege Cedex
          Téléphone : 05.61.00.09.99
Suisse : Transat - 23.42.77.40
Belgique : D.G. Diffusion - 05.61.00.09.99

**Imprimé à Singapour**

Participation de la SODEC.
Nous reconnaissons l'aide financière du gouvernement du Canada par
l'entremise du Programme d'aide au développement de l'industrie de l'édition
(PADIÉ) pour nos activités d'édition.
Gouvernement du Québec - Programme de crédit d'impôt pour l'édition de
livres - Gestion SODEC.

**Catalogage avant publication de Bibliothèque et Archives Canada**

Carpender, Dana

  Smoothies : 50 délicieuses recettes de boissons à faible teneur en glucides
pour une alimentation saine
  Traduction de : Low-carb smoothies.
  ISBN 2-89565-362-3

1. Mélangeurs (Cuisine). 2. Yogourt frappé. 3. Régimes hypoglucidiques -
Recettes. I. Titre.

TX840.B5C3714 2005          641.8'75          C2005-941012-4

*À Jay, mon beau-frère, qui boit deux smoothies par jour,*
*tout en se tenant sagement loin du sucre.*

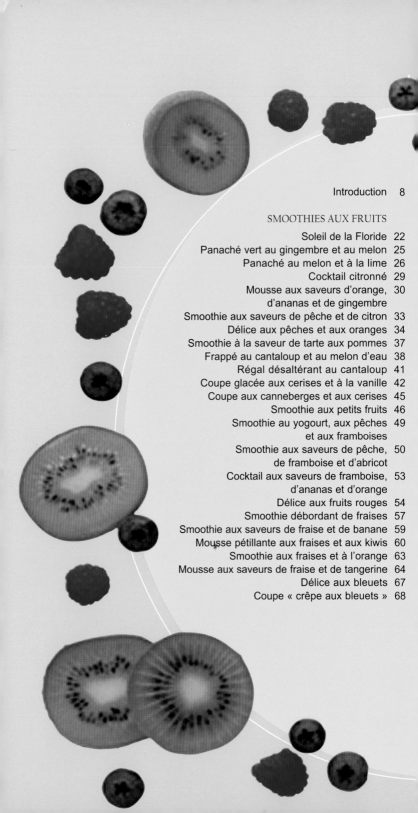

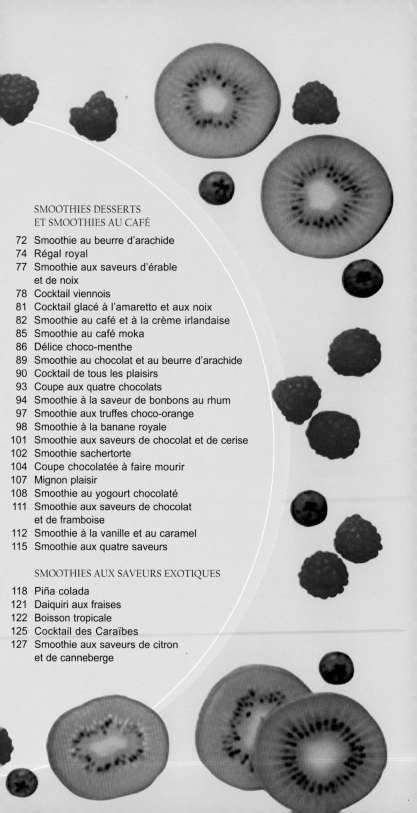

# INTRODUCTION

Ici comme ailleurs, les smoothies connaissent un succès fulgurant. Hier encore, ils étaient l'apanage des adeptes d'une alimentation saine mais, de nos jours, ils sont devenus une collation ou un repas léger des plus recherchés par le grand public. Le commerce offre maintenant des préparations de smoothies embouteillés qui sont disponibles dans les comptoirs laitiers. J'ai même aperçu un kiosque à smoothies dans un aéroport !

Pourquoi devrait-on acheter les marques commerciales alors qu'il est si simple de préparer soi-même des smoothies ? Pour ce faire, il suffit de mettre les ingrédients dans un mélangeur et de les battre jusqu'à l'obtention d'une consistance lisse et onctueuse — *smooth*, selon l'expression anglaise ! — pour ensuite verser le mélange dans un verre et s'en régaler.

Depuis longtemps appréciés des adeptes de l'alimentation saine, les smoothies ont, plus souvent qu'autrement, une teneur élevée en glucides. Beaucoup de recettes de smoothies ne demandent pas seulement des fruits, mais également du jus de fruits, du miel, de la crème glacée ou d'autres ingrédients sucrés. Si vous êtes une personne qui surveille sa consommation de glucides, ce type de smoothie, peu importe la quantité d'éléments nutritifs qu'il contient, n'est pas votre ami. De nombreuses recettes de smoothies contiennent jusqu'à 60 g de glucides, ce qui équivaut à ma limite quotidienne absolue d'absorption de glucides !

Toutefois, en remaniant quelque peu la liste des ingrédients des recettes, on peut aisément préparer de sublimes smoothies à faible teneur en glucides. Ces smoothies sont-ils vraiment si simples à faire ? Absolument. En préparant ce livre, chacune des idées que j'ai eues a donné un produit si délicieux que la recette était digne d'être publiée, ce qui n'est habituellement pas le cas. J'aurais pu allonger presque indéfiniment ma liste des recettes de smoothies à faible teneur en glucides. Alors, utilisez ce livre comme un point de départ : essayez les recettes qui vous inspirent, puis inventez vos propres recettes.

Comme moi, vous conclurez sans doute qu'il est presque impossible de rater un smoothie.

En plus d'être faibles en glucides, plusieurs des smoothies présentés dans ce livre sont hypocaloriques. Voilà qui est bien pour les personnes qui doivent surveiller à la fois leur consommation de glucides et de calories.

## INGRÉDIENTS

Parlons de la liste des ingrédients. En quoi les ingrédients de vos smoothies à faible teneur en glucides différeront-ils de ceux des smoothies ordinaires ? Premièrement, nous délaissons l'ensemble des jus, à l'exception d'une touche de jus de citron ou de lime ici et là. Les jus ont la réputation d'être des breuvages santé, une réputation qu'ils ne méritent tout simplement pas. Boire un verre de jus, c'est en réalité consommer le sucre de cinq ou six morceaux de fruits mais sans en consommer les fibres. Ces dernières viendraient pourtant réduire l'impact des sucres sur le taux de glycémie et apaiser la soif. Dans ce livre, nous abandonnons également les sucres, le miel, le yogourt additionné de sucre et la crème glacée régulière. Enfin, nous rejetons les fruits à teneur élevée en glucides (en particulier, les bananes) ; bien que très appréciés, ces fruits nous donneraient des smoothies dont la teneur en glucides oscillerait autour de 26 g par portion.

Alors, quels sont les ingrédients qui entrent dans la composition des smoothies à faible teneur en glucides ?

• **Arômes et extraits** — Vous avez sûrement de l'extrait de vanille sous la main, mais j'utilise aussi les extraits d'amande, de coco, d'orange, de menthe poivrée, de rhum et de noix. On trouve ces produits dans les supermarchés, dans la section des produits pâtissiers.

• **Beurre d'arachide naturel** — Il s'agit de celui qui a une couche d'huile sur le dessus ; il est fait uniquement d'arachides et de sel. (On le fait aussi en version sans sel.) La plupart des supermarchés le rangent dans la section des beurres d'arachide réguliers. Si votre épicier n'en tient pas, vous en trouverez sûrement à votre magasin d'aliments naturels. Brassez bien le beurre d'arachide avant de le mettre au réfrigérateur pour la première fois ; ainsi, il ne se séparera plus.

Pourquoi utiliser du beurre d'arachide naturel plutôt que les versions « régulières » ? D'abord, parce que ces dernières ont du sucre ajouté. Ensuite, elles ont été hydrogénées (un peu comme c'est le cas avec le shortening végétal), ce qui a pour effet d'empêcher la séparation et de donner une consistance quelque peu plastique. S'il y a une chose pire que le sucre, c'est bien les huiles hydrogénées.

On retrouve maintenant sur le marché des beurres d'arachide à faible teneur en glucides. S'ils ne contiennent pas de sucre, ils sont en revanche hydrogénés et contiennent du soja. Pour les raisons que j'explique à la page 18, je crois qu'il est préférable de minimiser la consommation de soja. Pourquoi devrait-on payer le gros prix pour les produits spécialisés, alors que le choix à faire est si évident ?

- **Breuvages laitiers à faible teneur en glucides** — Il s'agit de nouveaux produits laitiers (Carb Countdown et Keto Milk) qui sont largement distribués aux États-Unis et qui sont de plus en plus disponibles au Canada (Carb Aware). Ces breuvages contiennent généralement 3 g de glucides par portion de 240 ml (1 tasse), alors qu'une même quantité de lait ordinaire en contient 12 g. Selon les marques, le produit est offert en versions ordinaire, faible en gras, sans gras et chocolatée. Ces breuvages laitiers contiennent non seulement moins de glucides que le lait ordinaire mais aussi davantage de protéines et de calcium. Vous les trouverez dans la section des produits laitiers de votre supermarché.

Dans ce livre, le calcul des valeurs nutritives présume que vous utilisez un breuvage laitier faible en glucides, version ordinaire. Cependant, libre à vous d'utiliser les versions sans gras ou faible en gras du produit ; la teneur en glucides demeurera la même, mais les valeurs en lipides et en calories seront moindres.

Si aucun breuvage faible en glucides n'est disponible dans votre coin de pays, substituez de la crème 10 % M.G. à la version ordinaire du produit. Quant au breuvage laitier chocolaté faible en glucides, vous le remplacerez par de la crème 10 % M.G. à laquelle vous ajouterez du cacao et du Splenda. Commencez par 15 ml (1 c. à table) de poudre de cacao non sucrée et 15 ml à 30 ml (1 à 2 c. à table) de Splenda par 240 ml (1 tasse) de crème, puis ajustez les quantités de cacao et de Splenda selon vos préférences.

Si vous suivez le régime alimentaire South Beach ou quelque autre régime du genre, le lait sans gras vous étant permis, vous pourrez l'utiliser dans les recettes de ce livre au lieu du breuvage laitier faible en glucides. Cependant, le lait contient 12 g de glucides par portion de 240 ml (1 tasse) et, bien que le lactose soit relativement peu important dans le calcul nutritionnel, il vous faudra ajuster en conséquence votre calcul de consommation quotidienne de glucides. Enfin, puisque le lait contient moins de protéines que les breuvages laitiers faibles en glucides, vous pourrez, au besoin, ajouter un peu de poudre de protéines.

- **Café instantané** — Vous aurez évidemment besoin de cristaux de café instantané pour préparer des smoothies à saveur de café au lait. N'importe quelle marque de cristaux de café instantané séchés à froid devrait

faire l'affaire. J'ai l'habitude d'avoir sous la main les versions régulière et décaféinée, ce qui me permet de doser le degré de caféine à mon gré.

•      **Crème glacée faible en glucides** — Il existe diverses marques de crème glacée faible en glucides (sans sucre ajouté). Vous les trouverez à votre supermarché ou dans un magasin d'aliments naturels.

•      **Cristaux pour boisson (sans sucre)** — La préparation pour boisson hypocalorique Cristal léger est offerte dans une grande variété de marques et de saveurs de fruits. Elle est vendue dans la plupart des supermarchés ; d'autres marques sont aussi disponibles. N'hésitez pas à utiliser les marques maison.

Il est important de noter que les cristaux de saveurs sont toujours utilisés en poudre, sans les avoir au préalable dissous dans l'eau.

•      **Fruits à faible teneur en sucre** — On croit généralement qu'un régime alimentaire hypoglucidique exclut d'emblée les fruits. Or, si certains fruits contiennent beaucoup de sucre, d'autres en contiennent moins. Les abricots, les petits fruits des champs, les kiwis, les melons, les pêches et les cerises acides (griottes) ont été utilisés dans différentes recettes de ce livre. Bien que ces smoothies tendent à être un peu plus riches en glucides que les recettes qui ne comprennent que des ingrédients aromatiques faibles en glucides, ils sont plus nutritifs. Enfin, la teneur en glucides de ces smoothies est suffisamment basse pour convenir à la plupart de ceux qui ne suivent pas le régime Atkins Induction ou tout autre qui serait très restrictif.

Il est bon de congeler les fruits qui entreront dans la composition de vos smoothies et de ne pas les faire décongeler avant de les utiliser. Préparez vos smoothies avec des fruits gelés. À cet effet, je trouve pratique d'acheter des fruits surgelés et non sucrés, tels que des pêches en tranches, des petits fruits mélangés, des framboises et des fraises. Par exemple, je me suis procuré une bonne quantité de melons en morceaux surgelés que j'ai mis au congélateur. Je mesure mes portions au pifomètre. Après avoir mesuré quelques fois 120 ml (1/2 tasse) de morceaux de cantaloup ou de melon miel Honeydew, il vous sera assez facile d'évaluer les quantités dont vous aurez besoin.

Pour les quelques recettes qui demandent des abricots, j'ai acheté des fruits frais, les ai coupés en deux et en ai retiré le noyau. Je les ai par la suite placés dans des sacs de conservation à fermeture avant de les congeler.

Plusieurs recettes demandent des cerises acides ou griottes. Ces cerises sont disponibles en conserve, baignent dans l'eau, et sont vendues dans de nombreux supermarchés. Ne vous trompez pas en achetant la « garniture pour tarte aux cerises » qui, elle, est chargée de sucre. Je ne congèle pas toujours les cerises puisqu'elles se conservent bien au réfrigérateur pendant plus d'une semaine.

Les canneberges, que j'ai utilisées dans quelques recettes, ne sont disponibles qu'en automne. Toutefois, elles se prêtent très bien à la congélation. En saison, les inconditionnels des canneberges n'ont qu'à s'en procurer quelques sacs et à les congeler. Ils auront ainsi des canneberges pour leurs smoothies durant toute l'année.

• **Glaçons —** Ajoutez 1 ou 2 glaçons à n'importe quel smoothie si vous désirez qu'il soit plus froid. Cette mesure ne sera probablement pas nécessaire dans le cas des smoothies faits à partir de fruits glacés ou de crème glacée. Les glaçons devraient être ajouté un à la fois au mélange et vous devriez attendre que le premier soit en miettes avant d'ajouter le second.

• **Gomme de guar et gomme de xanthane —** Ces deux substances aux noms bizarres sont en général connues des adeptes de l'alimentation hypoglucidique. Il s'agit de fibres solubles purifiées qui ont l'aspect d'une fine poudre blanche sans saveur. On les ajoute pour donner du corps et une texture crémeuse aux smoothies. C'est d'ailleurs pour les mêmes raisons qu'elles sont utilisées dans différents mets populaires préparés en alimentation rapide (*junk food*). On peut trouver les gommes de guar ou de xanthane (l'une ou l'autre fera l'affaire) dans les magasins d'aliments naturels ou les commander par Internet.

À l'aide d'une cuillère, ajoutez l'épaississant au reste des ingrédients dans le mélangeur. Commencez par 1,25 ml (1/4 c. à thé), puis augmentez graduellement ; ces produits sont très puissants. Si vous en mettez trop, vous pourriez être forcé de sortir votre smoothie du mélangeur à la petite cuillère !

Une façon commode d'utiliser les gommes de guar ou de xanthane est d'en remplir une salière ou un pot à épices muni d'un couvercle troué. Il vous suffira de saupoudrer directement au-dessus du mélangeur en marche. Encore une fois, allez-y graduellement car, s'il est facile d'ajouter ce produit, il est impossible d'en enlever. J'ai aussi essayé un mélange de gommes de xanthane et de guar, un produit appelé Quick Thick'ner, fabriqué par Gram's Gourmet. Il vient avec une pratique saupoudreuse ; il s'agit d'un épaississant très efficace que j'ai bien apprécié.

Dans ce livre, j'ai indiqué quels étaient les smoothies où j'utilisais de la gomme de guar ou de xanthane. J'ai inclus ces ingrédients dans les recettes où il m'a semblé bon de le faire, mais libre à vous d'en ajouter aux smoothies qui n'en contiennent pas et que vous aimeriez rendre plus épais ; ces produits ne modifient en rien la saveur des boissons. Si vous désirez obtenir un breuvage moins épais ou si vous n'avez pas d'épaississants, laissez tomber ces ingrédients.

Les graines de lin moulues, comme je l'ai mentionné précédemment, sont un autre épaississant à considérer dans la préparation de vos smoothies. Pour ma part, j'utilise soit les graines de lin moulues, soit une gomme de guar ou de xanthane, mais pas une combinaison de ces produits.

• **Graines de lin moulues —** Cet ingrédient est facultatif : vous pouvez décider de ne pas l'employer dans les recettes qui en demandent ou, si vous le désirez, de l'incorporer dans n'importe quelle recette de smoothie. Il y a toutefois plusieurs bonnes raisons d'ajouter des graines de lin moulues à vos smoothies. D'abord, elles regorgent de fibres solubles, ce qui contribuera à donner de la consistance à vos smoothies. De plus, elles sont une excellente source d'acides gras de type oméga-3 (semblables à ceux que l'on trouve dans les poissons gras) ; elles ont donc des effets bénéfiques sur la santé cardiaque et sur la peau, et on leur prête même des vertus anti-inflammatoires. Enfin, en ajoutant des graines de lin moulues à votre smoothie, vous obtiendrez un breuvage qui vous rassasiera.

Vous pouvez acheter des graines de lin déjà moulues (j'achète la marque Bob's Red Mill) ou vous en procurer à votre magasin d'aliments naturels et les

moudre vous-même. (Si vous utilisez
votre moulin à café, prenez garde au
mélange des saveurs.) Quelle que soit
l'option retenue, gardez vos graines de lin
moulues au congélateur car elles sont vite
périssables.

Pourquoi ne pas simplement mettre les
graines de lin entières dans le mélangeur avec les
autres ingrédients afin de les moudre ? J'ai déjà essayé
ce procédé, mais les morceaux de graines de lin ainsi
obtenus étaient trop gros pour ne pas être perceptibles. Par contre, en
utilisant des graines de lin préalablement moulues, j'obtiens un smoothie
sans cet aspect graveleux et sans amas de morceaux de graines de lin au
fond de mon verre.

• **Jus de mangue léger** — Minute Maid a mis sur le marché un jus
tropical léger à la mangue. J'utilise ce jus dans un des smoothies de ce
livre afin d'obtenir une saveur tropicale. Si vous êtes de ceux qui raffolent
de ces cocktails servis avec le petit parapluie, procurez-vous cet ingrédient
à votre supermarché.

• **Jus et zestes de citron et de lime** — Je l'avoue, lorsqu'une
recette ne demande pas de zeste, mais seulement du jus de citron ou de
lime, il m'arrive d'utiliser un produit embouteillé. En passant, si vous ne
disposez pas d'une râpe, vous devriez songer à vous en procurer une ;
vous serez ainsi plus enclin à râper des agrumes frais.

• **Lait de coco** — On peut se procurer le lait de coco au
supermarché, dans la section des produits asiatiques, ou dans des
commerces spécialisés. Habituellement en conserve, ce produit existe en
version régulière ou légère. Les deux ont la même teneur en glucides,
mais le lait de coco léger contient moins de calories. À vous de choisir !

• **Poudre de cacao** — Attention, il ne s'agit d'un mélange pour
chocolat chaud ! On utilise la poudre de cacao non sucrée pour donner
une saveur de chocolat aux smoothies. On la trouve généralement dans la
section réservée aux produits pâtissiers des supermarchés.

• **Poudre de protéines** — La poudre de protéines donne du corps
aux smoothies, en plus d'enrichir le breuvage de protéines vitales et
nourrissantes. Pour ne pas compliquer les choses, je me suis contentée
d'utiliser une poudre de protéines lactosérique aromatisée à la vanille ou
au chocolat. Je privilégie l'utilisation de cette poudre à cause de ses
grandes qualités nutritives, de ses excellentes propriétés de dissolution et
de son bon goût. Dans la préparation des recettes, n'importe quelle
marque de poudre de protéines sans sucre fera l'affaire.

Si vous avez envie d'un smoothie plus substantiel, n'hésitez pas à ajouter de la poudre de protéines aux recettes qui n'en demandent pas. La saveur en sera légèrement modifiée, mais la poudre de protéines aromatisée à la vanille semble bien se marier à la plupart des saveurs.

• **Sirop à crêpes (sans sucre)** — Quelques recettes de ce livre demandent du sirop sans sucre afin d'obtenir une saveur d'érable. Les alcools obtenus par la réduction du sucre (polyols) qui entrent dans sa préparation lui confèrent le goût sucré des sirops traditionnels. On trouve ce sirop sans sucre dans la plupart des supermarchés.

• **Sirops aromatisés (sans sucre)** — Il s'agit de ces sirops que l'on utilise dans les cafés branchés. Les marques DaVinci (49 saveurs au dernier décompte), Monin et Oscar's, entre autres, en offrent des versions sans sucre. Ici encore, on retrouve une grande sélection de saveurs. Atkins propose également quelques saveurs : caramel, chocolat, noisettes, framboises et vanille. La plupart des sirops sont sucrés avec du Splenda et/ou un autre édulcorant. Toutes les marques dont il est fait mention donneront de bons résultats.

On peut généralement se procurer les sirops de ce genre dans certains cafés. Cependant, comme plusieurs des saveurs utilisées ici — banane, pomme verte ou ananas, par exemple — ne font pas vraiment bon ménage avec le café, elles risquent de ne pas être disponibles dans ces établissements. C'est pourquoi vous devriez songer à magasiner en ligne. J'ai commandé mes sirops directement chez DaVinci. Une simple recherche sur Internet devrait vous permettre de trouver plusieurs détaillants qui se feront un plaisir de vous faire parvenir vos sirops.

Les sirops DaVinci viennent en bouteilles de 750 ml, soit le format d'une bouteille de vin standard et, pour ainsi dire, ils se conservent indéfiniment. J'adore les produits DaVinci ! J'en ai acheté pour ce projet de livre et, depuis, j'ai trouvé de nombreuses façons de les utiliser. D'ailleurs, je me demande comment j'ai pu m'en passer pendant si longtemps.

Attention ! Dans ce livre, lorsqu'une recette demande du « sirop aromatisé au chocolat (sans sucre) », il ne s'agit pas du « sirop de chocolat sans sucre » comme les produits offerts par Hershey ou Nestlé, et avec lesquels on prépare notamment le lait au chocolat et le chocolat chaud.

• **Sodas hypocaloriques** — Ces boissons gazeuses hypocaloriques aromatisées ajoutent du punch et des saveurs éclatantes aux smoothies. Elles sont en vente à peu près partout et se présentent dans une multitude de saveurs : kiwi-fraise, framboise, tangerine, raisin blanc, soda au gingembre, etc.

- **Splenda** — Les calculs de teneur en glucides des recettes de ce livre qui contiennent du Splenda sont faits en fonction de l'utilisation du Splenda granulé, celui qu'on trouve dans une petite boîte sur les rayons des supermarchés. Vous pouvez également employer le Splenda en sachets ; un sachet équivaut à 10 ml (2 c. à thé) de Splenda granulé. Cependant, il faut savoir que, si vous utilisez les sachets, vous obtiendrez un smoothie légèrement plus faible en glucides, le produit en sachet étant un peu moins dense.

- **Yogourt** — Qu'on se le dise, le yogourt est un très bon aliment pour les adeptes de l'alimentation hypoglucidique ! Une étiquette peut indiquer 12 g de glucides par portion ; or, comme le font remarquer Jack Goldberg et Karen O'Mara dans leur magnifique livre *GO-Diet*, cela n'est pas tout à fait exact. Il est vrai que le lait contient 12 g de glucides (sous forme de lactose) par portion de 240 ml (1 tasse) mais, lorsque le lait est transformé en yogourt, la plupart du lactose est converti en acide lactique, ce qui donne au yogourt le goût suret qu'on lui connaît et qui, surtout, a pour effet de réduire à seulement 4 g le nombre de glucides utilisables.

Après avoir pris connaissance de cette information, j'ai réintégré le yogourt à mon régime à faible teneur en glucides, et je n'ai depuis rencontré aucun problème. Je suis persuadée que Goldberg et O'Mara ont vu juste. Par conséquent, je n'ai pas hésité à utiliser le yogourt nature dans plusieurs de mes recettes de smoothies, et le calcul de teneur en glucides qui est fait reflète les travaux de Golgberg et O'Mara dans lesquels une portion de yogourt compte pour 4 g de glucides.

Les recettes contenues dans le présent livre demandent du yogourt nature sans gras, et les informations nutritionnelles données sont établies en fonction de cette prémisse. Toutefois, que vous choisissiez d'utiliser du yogourt sans gras ou régulier, la teneur en glucides des recettes n'en sera pas affectée.

Il faut savoir que la grande majorité des yogourts aromatisés sont beaucoup plus riches en glucides. Cela s'explique par l'ajout de fruits, d'épaississants, et surtout de sucre. Ainsi, il vaudrait mieux vous en tenir au yogourt nature, que vous pourrez facilement aromatiser vous-même.

## Lait de soja et poudre de protéines de soja

En réponse à l'inévitable question concernant l'utilisation du lait ou des protéines de soja dans les recettes, je dirai ceci : « Je ne peux vous en empêcher. » Cependant, j'aimerais vous faire les mises en garde qui suivent.

Premièrement, la plupart des laits de soja contiennent passablement de sucre ajouté (souvent sous forme de sirop de malt). Ils ont en général une teneur en glucides aussi élevée que celle du lait de vache, parfois même plus. Le lait de soja aura sur votre taux de glycémie un impact supérieur à celui du lait ordinaire, qui a un index glycémique relativement faible (en raison de la présence du lactose). Il existe bien un lait de soja non sucré, mais son goût plutôt farineux n'a rien d'agréable.

Deuxièmement, malgré la réputation qu'a le soja d'être l'« ultime aliment santé de toute la création », il y a plusieurs raisons d'en limiter votre consommation. D'abord, on sait depuis un certain temps que le soja peut dans certains cas interférer dans les fonctions thyroïdiennes, et une glande thyroïde lente est la dernière chose dont on a besoin quand on tente de perdre du poids. Or, il y a plus inquiétant. Une étude menée en 2000 à Hawaï a démontré une importante corrélation entre la consommation de tofu à l'âge adulte et la diminution des facultés cognitives à un âge avancé. Les chercheurs soupçonnent que la source du problème se trouve dans les œstrogènes (dont on nous a tant vanté les vertus) contenus dans le soja. Si cela s'avérait, tous les produits du soja non fermenté, y compris le lait et les protéines, auraient le même effet. Voilà pourquoi je ne saurais recommander aucun de ces produits.

## LES CALCULS NUTRITIONNELS

Vous trouverez dans les recettes de ce livre une gamme de teneurs en glucides qui varie entre 4 g et 17 g de glucides utilisables. Il vous appartient de choisir les recettes qui vous conviennent en fonction non seulement de leur saveur, mais aussi de leur teneur en glucides utilisables.

La teneur en protéines est également très variable d'une recette à l'autre. Quelques-uns des smoothies contenant du yogourt, où je n'ai pas voulu qu'une saveur de vanille vienne atténuer le goût du fruit, comptent aussi peu que 13 g de protéines, soit environ ce que donneraient deux œufs ;

d'autres, avec l'addition de poudre
protéique, atteignent 49 g de protéines.

La plupart des smoothies sont plutôt
riches en protéines ; je les considère donc
davantage comme des collations ou des substituts de
repas substantiels que comme des breuvages. Je crois que l'on serait mal
avisé d'accompagner un repas d'un smoothie.

Prenez note que les informations nutritionnelles pour chacune des
recettes de ce livre sont établies pour une seule portion. Plusieurs recettes
donnent une généreuse quantité de breuvage ; on pourra donc la partager.
Dans ce cas, il suffira de diviser les informations nutritionnelles en
conséquence.

## A-t-on besoin d'un « mélangeur à smoothies » ?

Il y a maintenant sur le marché des mélangeurs conçus expressément
pour la préparation des smoothies. Ils ont un récipient en forme
d'entonnoir qui permet la rotation du mélange vers les lames, et sont en
outre munis d'un petit robinet. Pour autant que je sache, les personnes qui
en possèdent un en sont satisfaites. Cela dit, je suis très bien servie par
mon vieux mélangeur de marque Oster. Du reste, je ne vois pas pourquoi
on devrait s'encombrer d'un appareil supplémentaire et, qui plus est, un
appareil à fonction unique.

Le robot culinaire est à éviter : il est malaisé de verser un smoothie
dans un verre à partir du récipient du robot, un récipient qui par ailleurs
est susceptible de laisser s'échapper les liquides.

# SMOOTHIES AUX FRUITS

Voici toutes les saveurs de vos fruits favoris, le sucre de leur jus en moins. J'ai essayé de conserver le plus de fruits possibles sans pour autant faire grimper la teneur en glucides. Après tout, les fruits apportent des vitamines et des minéraux, et la plupart des glucides provenant des fruits ont un impact glycémique relativement faible. C'est à vous de déterminer la quantité de glucides qui vous convient (et les « bons » glucides ne doivent pas échapper à cette règle).

Vous constaterez que le yogourt est ici un dénominateur commun. C'est qu'il se marie à merveille avec à peu près toutes les saveurs de fruits imaginables. De plus, le yogourt nature est faible en glucides, plein de calcium, et pourrait favoriser le bon fonctionnement de votre système immunitaire.

Bon appétit !

# SOLEIL DE LA FLORIDE

Un éclatant mélange de saveurs d'agrumes qui vous procurera votre dose de soleil matinal.

245 g (1 tasse) de yogourt nature (sans gras)

120 ml (1/2 tasse) de breuvage laitier faible en glucides

1,25 ml (1/4 c. à thé) de cristaux à saveur de pamplemousse rose (sans sucre)

0,50 ml (1/8 c. à thé) de cristaux à saveur d'orange (sans sucre)

0,50 ml (1/8 c. à thé) de cristaux à saveur de limonade (sans sucre)

Dans un mélangeur, combiner les ingrédients et mélanger jusqu'à l'obtention d'une consistance lisse et onctueuse.

**INFOS :**
191 calories, 4 g de lipides, 19 g de protéines, 5 g de glucides et 0 g de fibres alimentaires, pour un total de 5 g de glucides utilisables

# PANACHÉ VERT AU GINGEMBRE ET AU MELON

Les boules de melon avec lime et gingembre sont un dessert classique léger, et la même combinaison de saveurs donne un smoothie des plus rafraîchissants.

245 g (1 tasse) de yogourt nature
    (sans gras)
120 ml (1/2 tasse) de soda
    hypocalorique au gingembre
120 ml (90 g) de morceaux de
    melon miel Honeydew, congelés
1,25 ml (1/4 c. à thé) de cristaux de saveur
    citron-lime (sans sucre)
Gomme de guar ou de xanthane

Dans un mélangeur, combiner les ingrédients et mélanger jusqu'à l'obtention d'une consistance lisse et onctueuse.

**INFOS** :
156 calories,
des traces de lipides, 13 g
de protéines, 12 g de
glucides et 1 g de fibres
alimentaires, pour un
total de 11 g de
glucides utilisables

# PANACHÉ AU MELON
# ET À LA LIME

Ce breuvage ressemble au « Panaché vert au gingembre et au melon », mais sa saveur est un peu plus douce.

245 g (1 tasse) de yogourt nature (sans gras)
120 ml (1/2 tasse) de breuvage laitier
    faible en glucides
90 g (1/2 tasse) de morceaux de melon miel
    Honeydew, congelés
1,25 ml (1/4 c. à thé) de cristaux à
    saveur citron-lime (sans sucre)
Gomme de guar ou de xanthane

Dans un mélangeur, combiner les ingrédients et mélanger jusqu'à l'obtention d'une consistance lisse et onctueuse.

**INFOS :**
226 calories, 4 g de lipides,
19 g de protéines,
15 g de glucides et 1 g de
fibres alimentaires, pour
un total de 14 g de
glucides utilisables

# COCKTAIL CITRONNÉ

Si, comme moi, vous raffolez du yogourt au citron, ce cocktail devrait vous plaire !

245 g (1 tasse) de yogourt nature (sans gras)
120 ml (1/2 tasse) de breuvage laitier faible en glucides
16 g (2 c. à table) de poudre de protéines lactosérique aromatisée à la vanille
2,5 ml (1/2 c. à thé) de cristaux à saveur de limonade (sans sucre)
Gomme de guar ou de xanthane

Dans un mélangeur, combiner les ingrédients et mélanger jusqu'à l'obtention d'une consistance lisse et onctueuse.

> **Note** : Donnez une touche supplémentaire d'agrume à ce smoothie en ajoutant 1,25 ml (1/4 c. à thé) de cristaux à saveur d'orange (sans sucre).

**INFOS :**
302 calories, 6 g de lipides, 40 g de protéines, 8 g de glucides et 1 g de fibres alimentaires, pour un total de 7 g de glucides utilisables

# MOUSSE AUX SAVEURS D'ORANGE, D'ANANAS ET DE GINGEMBRE

Voici un breuvage au goût vif et énergisant.

245 g (1 tasse) de yogourt nature (sans gras)
120 ml (1/2 tasse) de soda hypocalorique
    au gingembre
2,5 ml (1/2 c. à thé) de cristaux à saveur
    orange-ananas (sans sucre)
5 ml (1 c. à thé) de racine de gingembre râpée

Dans un mélangeur, combiner les ingrédients et mélanger jusqu'à l'obtention d'une consistance lisse et onctueuse.

**INFOS :**
128 calories, des traces de lipides, 13 g de protéines, 4 g de glucides et des traces de fibres alimentaires, pour un total de 4 g de glucides utilisables

# SMOOTHIE AUX SAVEURS DE PÊCHE ET DE CITRON

Ici, le citron fait délicieusement ressortir la saveur des pêches.

245 g (1 tasse) de yogourt nature (sans gras)
120 ml (1/2 tasse) de breuvage laitier
    faible en glucides
1,25 ml (1/4 c. à thé) de cristaux à
    saveur de limonade (sans sucre)
85 g (1/3 tasse) de pêches tranchées,
    congelées
5 ml (1 c. à thé) de Splenda

Dans un mélangeur, combiner les ingrédients et mélanger jusqu'à l'obtention d'une consistance lisse et onctueuse.

**INFOS :**
215 calories, 4 g de lipides,
19 g de protéines, 12 g de
glucides et 1 g de fibres
alimentaires, pour un total
de 11 g de glucides
utilisables

# DÉLICE AUX PÊCHES
# ET AUX ORANGES

245 g (1 tasse) de yogourt nature (sans gras)

120 ml (1/2 tasse) de breuvage laitier faible
en glucides

125 g (1/2 tasse) de pêches tranchées,
congelées

2,5 ml (1/2 c. à thé) de cristaux à saveur
d'orange (sans sucre)

2,5 ml (1/2 c. à thé) de gomme de guar
ou de xanthane

Dans un mélangeur, combiner les ingrédients
et mélanger jusqu'à l'obtention d'une
consistance lisse et onctueuse.

**INFOS :**
227 calories, 4 g de lipides,
20 g de protéines, 15 g de
glucides et 2 g de fibres
alimentaires, pour
un total de 13 g de
glucides utilisables

34

# SMOOTHIE À LA SAVEUR DE TARTE AUX POMMES

L'irrésistible mélange des saveurs de pomme et de cannelle, agrémenté d'une touche de vanille.

245 g (1 tasse) de yogourt nature (sans gras)
120 ml (1/2 tasse) de breuvage laitier
    faible en glucides
16 g (2 c. à table) de poudre de protéines
    lactosérique aromatisée à la vanille
30 ml (2 c. à table) de sirop aromatisé
    à la pomme verte (sans sucre)
1,25 ml (1/4 c. à thé) de cannelle
    moulue
1 pincée de clous de girofle moulus

Dans un mélangeur, combiner les ingrédients et mélanger jusqu'à l'obtention d'une consistance lisse et onctueuse.

**INFOS :**
303 calories, 6 g de lipides, 41 g de protéines, 8 g de glucides et 1 g de fibres alimentaires, pour un total de 7 g de glucides utilisables

# FRAPPÉ AU CANTALOUP ET AU MELON D'EAU

Si vous le désirez, mélangez à parts égales des morceaux de cantaloup et de melon miel Honeydew ; toutefois, la couleur de ce frappé ne sera pas aussi invitante.

245 g (1 tasse) de yogourt nature
   (sans gras)
120 ml (1/2 tasse) de breuvage laitier
   faible en glucides
90 g (1/2 tasse) de morceaux de cantaloup
   congelés
30 ml (2 c. à table) de sirop aromatisé au
   melon d'eau (sans sucre)
Gomme de guar ou de xanthane

Dans un mélangeur, combiner les ingrédients et mélanger jusqu'à l'obtention d'une consistance lisse et onctueuse.

**INFOS :**
218 calories, 5 g de lipides, 20 g de protéines, 12 g de glucides et 1 g de fibres alimentaires, pour un total de 11 g de glucides utilisables

38

# RÉGAL DÉSALTÉRANT AU CANTALOUP

Ce smoothie est l'un de ceux dont la teneur en glucides est la plus élevée. Cependant, mon mari l'adore. Le cantaloup est extrêmement nutritif ; j'ai donc décidé d'inclure la recette de ce régal dans le présent livre.

245 g (1 tasse) de yogourt nature
   (sans gras)
180 g (1 tasse) de morceaux de
   cantaloup congelés
5 ml (1 c. à thé) de jus de lime
3 g (2 c. à table) de Splenda

Dans un mélangeur, combiner les ingrédients et mélanger jusqu'à l'obtention d'une consistance lisse et onctueuse.

**INFOS** :
184 calories, 1 g de lipides, 14 g de protéines, 18 g de glucides et 1 g de fibres alimentaires, pour un total de 17 g de glucides utilisables

41

# COUPE GLACÉE AUX CERISES ET À LA VANILLE

Vous aimez la crème glacée vanille-cerise ? Essayez cette recette !

70 g (1/2 tasse) de crème glacée à la vanille (sans sucre ajouté)

360 ml (1 1/2 tasse) de breuvage laitier faible en glucides

30 g (1/4 tasse) de cerises acides (griottes) dans l'eau, en conserve, égouttées

16 g (2 c. à table) de poudre de protéines lactosérique aromatisée à la vanille

15 ml (1 c. à table) de sirop aromatisé aux cerises (sans sucre)

2,5 ml (1/2 c. à thé) d'extrait de vanille

Gomme de guar ou de xanthane

Dans un mélangeur, combiner les ingrédients et mélanger jusqu'à l'obtention d'une consistance lisse et onctueuse.

**INFOS :**
335 calories, 14 g de lipides, 40 g de protéines, 13 g de glucides et 1 g de fibres alimentaires, pour un total de 12 g de glucides utilisables*

* Ce calcul ne tient pas compte des polyols contenus dans la crème glacée

# COUPE AUX CANNEBERGES ET AUX CERISES

245 g (1 tasse) de yogourt nature
  (sans gras)
120 ml (1/2 tasse) de breuvage
  laitier faible en glucides
30 g (1/4 tasse) de canneberges congelées
30 g (1/4 tasse) de cerises acides (griottes)
  dans l'eau, en conserve, égouttées
30 ml (2 c. à table) de sirop aromatisé aux
  cerises (sans sucre)

Dans un mélangeur, combiner les ingrédients
et mélanger jusqu'à l'obtention d'une
consistance lisse et onctueuse.

**INFOS :**
226 calories, 4 g de lipides,
19 g de protéines, 14 g de
glucides et 1 g de fibres
alimentaires, pour un
total de 13 g de gluci-
des utilisables

# SMOOTHIE
# AUX PETITS FRUITS

Les petits fruits regorgent d'antioxydants ; de plus,
ils contiennent des phytochimiques qui aident à
prévenir la cécité et le cancer. Vous trouverez les
mélanges de petits fruits surgelés dans la section
des produits congelés de votre supermarché.

245 g (1 tasse) de yogourt nature
    (sans gras)
120 ml (1/2 tasse) de breuvage laitier
    faible en glucides
90 g (1/2 tasse) de petits fruits (bleuets,
    framboises, mûres et fraises) surgelés
15 ml (1 c. à table) de sirop aromatisé
    aux fraises (sans sucre)
15 ml (1 c. à table) de sirop aromatisé
    aux framboises (sans sucre)
15 ml (1 c. à table) de sirop aromatisé
    aux bleuets (sans sucre)

Dans un mélangeur, combiner
les ingrédients et mélanger
jusqu'à l'obtention d'une
consistance lisse et onctueuse.

**INFOS :**
245 calories, 4 g de lipides,
20 g de protéines, 18 g de
glucides et 3 g de fibres
alimentaires, pour un total
de 15 g de glucides
utilisables

# SMOOTHIE AU YOGOURT, AUX PÊCHES ET AUX FRAMBOISES

Après avoir goûté au breuvage fait à partir de cristaux à saveur pêche-framboise, il ne me restait plus qu'à ajouter les fruits pour obtenir ce magnifique smoothie.

245 g (1 tasse) de yogourt nature (sans gras)
120 ml (1/2 tasse) de breuvage laitier faible en glucides
60 g (1/4 tasse) de pêches tranchées, congelées
60 g (1/4 tasse) de framboises congelées
2,5 ml (1/2 c. à thé) de cristaux à saveur pêche-framboise (sans sucre)

Dans un mélangeur, combiner les ingrédients et mélanger jusqu'à l'obtention d'une consistance lisse et onctueuse.

**INFOS :**
224 calories, 5 g de lipides, 19 g de protéines, 14 g de glucides et 3 g de fibres alimentaires, pour un total de 11 g de glucides utilisables

# SMOOTHIE AUX SAVEURS DE PÊCHE, DE FRAMBOISE ET D'ABRICOT

Les abricots sont remarquablement faibles en glucides, et c'est l'enfance de l'art de les couper en deux, d'en retirer le noyau et de les congeler durant la nuit. Il n'est pas nécessaire d'éplucher l'abricot ; le mélangeur se chargera de pulvériser la peau.

245 g (1 tasse) de yogourt nature (sans gras)
240 ml (1 tasse) de breuvage laitier faible en glucides
1 abricot congelé
1/4 d'une pêche congelée (environ 3 tranches)
1,25 ml (1/4 c. à thé) de cristaux à saveur de framboise (sans sucre)

Dans un mélangeur, combiner les ingrédients et mélanger jusqu'à l'obtention d'une consistance lisse et onctueuse.

**INFOS :**
282 calories, 8 g de lipides, 25 g de protéines, 14 g de glucides et 1 g de fibres alimentaires, pour un total de 13 g de glucides utilisables

# COCKTAIL AUX SAVEURS DE FRAMBOISE, D'ANANAS ET D'ORANGE

Wow ! Un smoothie débordant de saveurs auquel le soda aux framboises ajoute du punch.

245 g (1 tasse) de yogourt nature (sans gras)
120 ml (1/2 tasse) de soda hypocalorique
   aux framboises
60 g (1/2 tasse) de framboises congelées
2,5 ml (1/2 c. à thé) de cristaux à saveur
   orange-ananas (sans sucre)

Dans un mélangeur, combiner les ingrédients et mélanger jusqu'à l'obtention d'une consistance lisse et onctueuse.

**INFOS :**
158 calories, 1 g de lipides, 14 g de protéines, 11 g de glucides et 4 g de fibres alimentaires, pour un total de 7 g de glucides utilisables

# DÉLICE AUX FRUITS ROUGES

245 g (1 tasse) de yogourt nature (sans gras)
120 ml (1/2 tasse) de breuvage laitier
    faible en glucides
85 g (1/3 tasse) de framboises congelées
30 ml (2 c. à table) de sirop aromatisé aux
    fraises (sans sucre)

Dans un mélangeur, combiner les ingrédients
et mélanger jusqu'à l'obtention d'une
consistance lisse et onctueuse.

**INFOS :**
211 calories, 5 g de lipides,
19 g de protéines, 10 g de
glucides et 3 g de fibres
alimentaires, pour un total
de 7 g de glucides
utilisables

# SMOOTHIE DÉBORDANT DE FRAISES

Décidément, ce breuvage n'a rien à envier au lait frappé aux fraises !

245 g (1 tasse) de yogourt nature (sans gras)
120 ml (1/2 tasse) de breuvage laitier
faible en glucides
5 fraises moyennes, congelées
8 g (1 c. à table) de poudre de protéines
lactosérique aromatisée à la vanille
30 ml (2 c. à table) de sirop aromatisé aux
fraises (sans sucre)

Dans un mélangeur, combiner les ingrédients et mélanger jusqu'à l'obtention d'une consistance lisse et onctueuse.

**INFOS :**
264 calories, 5 g de lipides, 30 g de protéines, 11 g de glucides et 2 g de fibres alimentaires, pour un total de 9 g de glucides utilisables

# SMOOTHIE AUX SAVEURS DE FRAISE ET DE BANANE

Avec ce breuvage, les amateurs de bananes seront servis à souhait !

245 g (1 tasse) de yogourt nature (sans gras)
120 ml (1/2 tasse) de breuvage laitier
    faible en glucides
5 fraises moyennes, congelées
15 ml (1 c. à table) de sirop aromatisé aux
    fraises (sans sucre)
30 ml (2 c. à table) de sirop aromatisé à la
    banane (sans sucre)

Dans un mélangeur, combiner les ingrédients et mélanger jusqu'à l'obtention d'une consistance lisse et onctueuse.

**Note** : Donnez une touche spéciale à ce smoothie en remplaçant les sirops aromatisés par 2,5 ml (1/2 c. à thé) de cristaux à saveur fraise-orange-banane (sans sucre).

**INFOS** :
209 calories, 5 g de lipides, 19 g de protéines, 10 g de glucides et 1 g de fibres alimentaires, pour un total de 9 g de glucides utilisables

# MOUSSE PÉTILLANTE AUX FRAISES ET AUX KIWIS

Vous avez votre soda kiwi-fraise, vos fraises et un kiwi ? Il ne reste qu'à mélanger ces petits amis !

245 g (1 tasse) de yogourt nature (sans gras)
120 ml (1/2 tasse) de soda hypocalorique
    à saveur kiwi-fraise
1/2 kiwi pelé (congelé ou non)
5 fraises moyennes congelées

Dans un mélangeur, combiner les ingrédients et mélanger jusqu'à l'obtention d'une consistance lisse et onctueuse.

**INFOS** :
168 calories, 1 g de lipides, 14 g de protéines, 14 g de glucides et 3 g de fibres alimentaires, pour un total de 11 g de glucides utilisables

# SMOOTHIE AUX FRAISES ET À L'ORANGE

245 g (1 tasse) de yogourt nature (sans gras)
120 ml (1/2 tasse) de breuvage laitier
    faible en glucides
4 fraises moyennes congelées
8 g (1 c. à table) de poudre de protéines
    lactosérique aromatisée à la vanille
1,25 ml (1/4 c. à thé) de cristaux à saveur
    d'orange (sans sucre)

Dans un mélangeur, combiner les ingrédients
et mélanger jusqu'à l'obtention d'une
consistance lisse et onctueuse.

**INFOS :**
261 calories, 5 g de lipides,
30 g de protéines, 10 g de
glucides et 1 g de fibres
alimentaires, pour un total
de 9 g de glucides
utilisables

# MOUSSE AUX SAVEURS DE FRAISE ET DE TANGERINE

Encore une fois, je me suis inspirée d'une combinaison de saveurs offerte par les cristaux pour boisson. Le soda à la tangerine Diet Rite donne vraiment une touche singulière à ce smoothie. Toutefois, si vous n'arrivez pas à mettre la main sur ce produit, remplacez-le par n'importe quel soda hypocalorique à l'orange.

245 g (1 tasse) de yogourt nature (sans gras)
120 ml (1/2 tasse) de soda hypocalorique Diet Rite à la tangerine
5 fraises moyennes, congelées
1,25 ml (1/4 c. à thé) de cristaux à saveur tangerine-fraise (sans sucre)
Gomme de guar ou de xanthane

Dans un mélangeur, combiner les ingrédients et mélanger jusqu'à l'obtention d'une consistance lisse et onctueuse.

**INFOS :**
145 calories, 1 g de lipides, 13 g de protéines, 8 g de glucides et 1 g de fibres alimentaires, pour un total de 7 g de glucides utilisables

# DÉLICE AUX BLEUETS

Quelle formidable couleur ! Le jus de citron vient agréablement rehausser la saveur des bleuets.

245 g (1 tasse) de yogourt nature (sans gras)
120 ml (1/2 tasse) de breuvage laitier faible
    en glucides
75 g (1/2 tasse) de bleuets congelés
4,5 g (3 c. à table) de Splenda
5 ml (1 c. à thé) de jus de citron

Dans un mélangeur, combiner les ingrédients et mélanger jusqu'à l'obtention d'une consistance lisse et onctueuse.

**INFOS :**
232 calories, 5 g de lipides,
19 g de protéines, 15 g de
glucides et 2 g de fibres
alimentaires, pour un total
de 13 g de glucides
utilisables

# COUPE « CRÊPE AUX BLEUETS »

Les bleuets sont délicieux dans les crêpes lorsqu'ils sont accompagnés de sirop et de cannelle. Pourquoi ne pas recréer ces saveurs dans un smoothie ?

245 g (1 tasse) de yogourt nature (sans gras)
120 ml (1/2 tasse) de breuvage laitier
    faible en glucides
75 g (1/2 tasse) de bleuets congelés
30 ml (2 c. à table) de sirop à crêpes
    (sans sucre)
1,25 ml (1/4 c. à thé) de cannelle
    moulue

Dans un mélangeur, combiner les ingrédients et mélanger jusqu'à l'obtention d'une consistance lisse et onctueuse.

**INFOS :**
233 calories, 5 g de lipides, 19 g de protéines, 16 g de glucides et 2 g de fibres alimentaires, pour un total de 14 g de glu-cides utilisables*

\* Ce calcul ne tient pas compte des polyols contenus dans le sirop à crêpes.

# SMOOTHIES DESSERTS ET SMOOTHIES AU CAFÉ

Voici une série de smoothies dont les saveurs sont inspirées de friandises, de coupes glacées, de desserts et de cafés que tous apprécient. Les smoothies au café sont particulièrement géniaux le matin lorsqu'on n'a pas beaucoup de temps à sa disposition ; ils servent à la fois de café et de déjeuner. Cependant, peu importe le moment de la journée, ces recettes satisferont vos envies d'aliments atypiques sans que vous ne fassiez faux bond à votre régime alimentaire : vous vous sentirez toujours vertueux, alors que votre bouche aura une impression de « luxure » !

Un petit détail : n'employez rien d'autre que du beurre d'arachide naturel crémeux lorsqu'une recette demande d'utiliser cet ingrédient — les autres types (dont les nouveaux beurres d'arachide faibles en glucides) sont faits d'huiles hydrogénées et sont très mauvais pour votre santé. Je vous l'assure, vous vous en porterez mieux.

# SMOOTHIE AU BEURRE D'ARACHIDE

Vous connaissez le croquant au beurre d'arachide ?
Eh bien, voici le « crémeux » au beurre d'arachide !

360 ml (1 1/2 tasse) de breuvage laitier
    faible en glucides
50 g (3 c. à table) de beurre d'arachide
    naturel crémeux
16 g (2 c. à table) de poudre de protéines
    lactosérique aromatisée à la vanille
3 g (2 c. à table) de Splenda
1,25 ml (1/4 c. à thé) de mélasse noire

Dans un mélangeur, combiner les ingrédients
et mélanger jusqu'à l'obtention d'une
consistance lisse et onctueuse.

**Note** : Pour préparer un smoothie
au beurre d'arachide et à la gelée
aux fruits, ajoutez 22,5 ml
(1 1/2 c. à table) de sirop
aromatisé aux fraises, aux
framboises ou aux raisins (sans
sucre) après avoir mélangé les
autres ingrédients.

**INFOS** :
585 calories, 36 g de
lipides, 49 g de protéines,
18 g de glucides et 4 g de
fibres alimentaires, pour un
total de 14 g de glucides
utilisables

# RÉGAL ROYAL

On dit qu'Elvis (le « King ») adorait les sandwichs grillés au beurre d'arachide et aux bananes à base de pain blanc . S'il avait plutôt bu ce régal royal..., il se serait sans doute porté bien mieux !

360 ml (1 1/2 tasse) de breuvage laitier
    faible en glucides
50 g (3 c. à table) de beurre d'arachide
    naturel crémeux
16 g (2 c. à table) de poudre de protéines
    lactosérique aromatisée à la vanille
30 ml (2 c. à table) de sirop aromatisé
    à la banane (sans sucre)
Gomme de guar ou de xanthane

Dans un mélangeur, combiner les ingrédients et mélanger jusqu'à l'obtention d'une consistance lisse et onctueuse.

**INFOS** :
580 calories, 36 g de lipides, 49 g de protéines, 17 g de glucides et 4 g de fibres alimentaires, pour un total de 13 g de glucides utilisables

# SMOOTHIE AUX SAVEURS D'ÉRABLE ET DE NOIX

Un délice qui fait très Nouvelle-Angleterre !

70 g (1/2 tasse) de crème glacée à la vanille
   (sans sucre ajouté)
360 ml (1 1/2 tasse) de breuvage laitier
   faible en glucides
16 g (2 c. à table) de poudre de protéines
   lactosérique aromatisée à la vanille
5 ml (1 c. à thé) d'extrait de noix
15 ml (1 c. à table) de sirop à crêpes
   (sans sucre)
1,5 g (1 c. à table) de Splenda
30 g (1/4 tasse) de noix

Dans un mélangeur, combiner les
ingrédients à l'exception des noix,
et mélanger jusqu'à l'obtention
d'une consistance lisse et
onctueuse. Puis ajouter les noix
et mélanger jusqu'à ce qu'elles
soient légèrement hachées.

**INFOS** :
494 calories, 31 g de
lipides, 47 g de protéines,
11 g de glucides et 2 g de
fibres alimentaires, pour
un total de 9 g de glu-
cides utilisables*

* Ce calcul ne tient pas compte
des polyols contenus dans
le sirop à crêpes.

# COCKTAIL VIENNOIS

Arrivez au bureau avec cette concoction aux arômes de café, de chocolat et de cannelle et vous ferez l'envie de vos collègues. Vous n'aurez qu'à ajouter : « Eh, que voulez-vous, je suis au régime ! »

360 ml (1 1/2 tasse) de breuvage laitier faible en glucides
16 g (2 c. à table) de poudre de protéines lactosérique aromatisée à la vanille
30 ml (2 c. à table) de sirop aromatisé au chocolat (sans sucre)
1,25 ml (1/4 c. à thé) de cannelle moulue
10 ml (2 c. à thé) de cristaux de café instantané
Gomme de guar ou de xanthane

Dans un mélangeur, combiner les ingrédients et mélanger jusqu'à l'obtention d'une consistance lisse et onctueuse.

INFOS :
313 calories, 14 g de lipides, 40 g de protéines, 9 g de glucides et 1 g de fibres alimentaires, pour un total de 8 g de glucides utilisables

# COCKTAIL GLACÉ À L'AMARETTO ET AUX NOIX

Voilà qui est diablement bon !

70 g (1/2 tasse) de crème glacée à la vanille
   (sans sucre ajouté)
240 ml (1 tasse) de breuvage laitier faible
   en glucides
8 g (1 c. à table) de poudre de protéines
   lactosérique aromatisée à la vanille
7,5 ml (1 1/2 c. à thé) de cristaux de café
   instantané
15 ml (1 c. à table) de sirop aromatisé aux
   noix (sans sucre)
15 ml (1 c. à table) de sirop aromatisé à
   l'amaretto (sans sucre)
Gomme de guar ou de xanthane

Dans un mélangeur, combiner les ingrédients
et mélanger jusqu'à l'obtention
d'une consistance lisse et
onctueuse.

**INFOS :**
191 calories, 9 g de lipides,
23 g de protéines, 5 g de
glucides et des traces de
fibres alimentaires, pour
un total de 5 g de
glucides utilisables

# SMOOTHIE AU CAFÉ ET À LA CRÈME IRLANDAISE

J'ai déniché une recette de crème irlandaise maison à partir de laquelle j'ai élaboré cette recette. Mon mari, un fervent amateur de la célèbre boisson « Irish Cream », croit que j'ai tapé dans le mille !

360 ml (1 1/2 tasse) de breuvage laitier faible en glucides

16 g (2 c. à table) de poudre de protéines lactosérique aromatisée à la vanille

12,5 ml (2 1/2 c. à thé) de cristaux de café instantané

1,25 ml (1/4 c. à thé) d'extrait de vanille

1,25 ml (1/4 c. à thé) d'extrait d'amandes

30 ml (2 c. à table) de sirop aromatisé au chocolat (sans sucre)

1,5 g (1 c. à table) de Splenda

Dans un mélangeur, combiner les ingrédients et mélanger jusqu'à l'obtention d'une consistance lisse et onctueuse.

**INFOS :**
319 calories, 14 g de lipides, 40 g de protéines, 9 g de glucides et 1 g de fibres alimentaires, pour un total de 8 g de glucides utilisables

# SMOOTHIE AU CAFÉ MOKA

Vous apprécierez ce savoureux moka !

360 ml (1 1/2 tasse) de breuvage laitier
　　faible en glucides
5 ml (1 c. à thé) de cristaux de café instantané
16 g (2 c. à table) de poudre de protéines
　　lactosérique aromatisée à la vanille
45 ml (3 c. à table) de sirop aromatisé
　　au chocolat (sans sucre)
Gomme de guar ou de xanthane
2 glaçons

Dans un mélangeur, combiner les ingrédients et mélanger jusqu'à l'obtention d'une consistance lisse et onctueuse.

**INFOS :**
307 calories, 14 g de lipides, 40 g de protéines, 8 g de glucides et 1 g de fibres alimentaires, pour un total de 7 g de glucides utilisables

# DÉLICE CHOCO-MENTHE

Ce smoothie s'adresse particulièrement aux amateurs de chocolat à la menthe et de crème glacée aux brisures de chocolat et à la menthe. Et je sais que vous êtes nombreux !

360 ml (1 1/2 tasse) de breuvage laitier chocolaté faible en glucides

32 g (1/4 tasse) de poudre de protéines lactosérique aromatisée au chocolat

10 g (2 c. à table) de poudre de cacao non sucrée

1,25 ml (1/4 c. à thé) d'extrait de menthe

2,5 ml (1/2 c. à thé) de gomme de guar ou de xanthane

2 glaçons

Dans un mélangeur, combiner les ingrédients et mélanger jusqu'à l'obtention d'une consistance lisse et onctueuse.

**INFOS :**
246 calories, 5 g de lipides, 45 g de protéines, 11 g de glucides et 5 g de fibres alimentaires, pour un total de 6 g de glucides utilisables

# SMOOTHIE AU CHOCOLAT ET AU BEURRE D'ARACHIDE

Y a-t-il quelqu'un quelque part qui n'aime pas ces deux saveurs réunies ?

360 ml (1 1/2 tasse) de breuvage laitier chocolaté faible en glucides
50 g (3 c. à table) de beurre d'arachide naturel, crémeux
16 g (2 c. à table) de poudre de protéines lactosérique aromatisée au chocolat
10 g (2 c. à table) de poudre de cacao non sucrée

Dans un mélangeur, combiner les ingrédients et mélanger jusqu'à l'obtention d'une consistance lisse et onctueuse.

# COCKTAIL DE
# TOUS LES PLAISIRS

Miam ! Miam ! Un smoothie aux saveurs de
chocolat, d'arachide, de *dulce de leche* et de caramel
— presque trop bon !

360 ml (1 1/2 tasse) de breuvage laitier
    chocolaté faible en glucides
30 g (2 c. à table) de beurre d'arachide
    naturel crémeux
16 g (2 c. à table) de poudre de protéines
    lactosérique aromatisée au chocolat
30 ml (2 c. à table) de sirop aromatisé
    au *dulce de leche* ou au caramel
    (sans sucre)
Gomme de guar ou de xanthane
30 ml (2 c. à table) de graines de lin moulues

Dans un mélangeur, combiner les ingrédients
et mélanger jusqu'à l'obtention d'une
consistance lisse et onctueuse.

**INFOS :**
391 calories, 23 g de
lipides, 32 g de protéines,
16 g de glucides et 8 g de
fibres alimentaires, pour
un total de 8 g de glu-
cides utilisables

# COUPE AUX QUATRE CHOCOLATS

Si vous préférez, préparez ce smoothie sans utiliser l'extrait d'amandes.

360 ml (1 1/2 tasse) de breuvage laitier
   chocolaté faible en glucides
16 g (2 c. à table) de poudre de protéines
   lactosérique aromatisée au chocolat
10 g (2 c. à table) de poudre de cacao
   non sucrée
1,25 ml (1/4 c. à thé) d'extrait d'amandes
1,25 ml (1/4 c. à thé) d'extrait de noix de coco

Dans un mélangeur, combiner les ingrédients et mélanger jusqu'à l'obtention d'une consistance lisse et onctueuse.

**INFOS** :
137 calories, 3 g de lipides, 24 g de protéines, 8 g de glucides et 4 g de fibres alimentaires, pour un total de 4 g de glucides utilisables

# SMOOTHIE À LA SAVEUR DE BONBONS AU RHUM

J'ai réuni ici toutes les saveurs des délicieux bonbons au rhum. Mmmm !

360 ml (1 1/2 tasse) de breuvage laitier chocolaté faible en glucides
16 g (2 c. à table) de poudre de protéines lactosérique aromatisée à la vanille
5 g (1 c. à table) de poudre de cacao non sucrée
1,25 ml (1/4 c. à thé) d'extrait de noix
2,5 ml (1/2 c. à thé) d'extrait de rhum
5 ml (1 c. à thé) de gomme de guar ou de xanthane
1 glaçon

Dans un mélangeur, combiner les ingrédients et mélanger jusqu'à l'obtention d'une consistance lisse et onctueuse.

**INFOS :**
126 calories, 3 g de lipides, 23 g de protéines, 5 g de glucides et 3 g de fibres alimentaires, pour un total de 2 g de glucides utilisables

# SMOOTHIE AUX TRUFFES CHOCO-ORANGE

Les truffes sans sucre enrobées de chocolat noir à la saveur d'orange de marque Pure De-Lite sont l'une de mes gâteries favorites. Durant mon enfance, mon gâteau d'anniversaire préféré était le gâteau du diable avec crémage à l'orange. J'ai donc décidé de créer un smoothie d'après ces saveurs et, bien sûr, c'est un de mes favoris !

360 ml (1 1/2 tasse) de breuvage laitier faible en glucides
16 g (2 c. à table) de poudre de protéines lactosérique aromatisée au chocolat
10 g (2 c. à table) de poudre de cacao non sucrée
1,25 ml (1/4 c. à thé) de cristaux à saveur d'orange (sans sucre)
Gomme de guar ou de xanthane
2 glaçons

Dans un mélangeur, combiner les ingrédients et mélanger jusqu'à l'obtention d'une consistance lisse et onctueuse.

**INFOS :**
328 calories, 15 g de lipides, 41 g de protéines, 13 g de glucides et 4 g de fibres alimentaires, pour un total de 9 g de glucides utilisables

# SMOOTHIE À LA BANANE ROYALE

Si vous aimez votre banane royale avec d'autres garnitures que le sirop de chocolat, n'hésitez pas à ajouter un peu de votre sirop aromatisé (sans sucre) favori.

360 ml (1 1/2 tasse) de breuvage laitier
     chocolaté faible en glucides
16 g (2 c. à table) de poudre de protéines
     lactosérique aromatisée à la vanille
5 ml (1 c. à thé) d'extrait de vanille
30 ml (2 c. à table) de sirop
     aromatisé à la banane
     (sans sucre)
Gomme de guar ou de xanthane

Dans un mélangeur, combiner les ingrédients et mélanger jusqu'à l'obtention d'une consistance lisse et onctueuse.

**INFOS :**
123 calories, 2 g de lipides, 22 g de protéines, 4 g de glucides et 1 g de fibres alimentaires, pour un total de 3 g de glucides utilisables

# SMOOTHIE AUX SAVEURS DE CHOCOLAT ET DE CERISE

Ce breuvage fera le bonheur des passionnés des douces cerises enrobées de chocolat ou des bavarois au chocolat et aux cerises.

360 ml (1 1/2 tasse) de breuvage laitier chocolaté faible en glucides

35 g (1/3 tasse) de cerises acides (griottes) dans l'eau, en conserve, égouttées

16 g (2 c. à table) de poudre de protéines lactosérique aromatisée au chocolat

10 g (2 c. à table) de poudre de cacao non sucrée

15 ml (1 c. à table) de sirop aromatisé aux cerises (sans sucre)

15 ml (1 c. à table) de sirop aromatisé au chocolat (sans sucre)

Dans un mélangeur, combiner les ingrédients et mélanger jusqu'à l'obtention d'une consistance lisse et onctueuse.

**INFOS :**
168 calories, 3 g de lipides, 24 g de protéines, 15 g de glucides et 5 g de fibres alimentaires, pour un total de 10 g de glucides utilisables

# SMOOTHIE SACHERTORTE

Le sachertorte est un gâteau réputé que l'on sert dans un chic hôtel d'Autriche. C'est une sorte de gâteau de Savoie chocolaté, fourré ou recouvert de marmelade d'abricots, puis glacé au chocolat. Je me suis dit qu'un dessert aussi recherché vaudrait sans doute la peine d'être essayé en smoothie. Et j'avais bien raison !

360 ml (1 1/2 tasse) de breuvage laitier chocolaté faible en glucides
2 abricots congelés
32 g (1/4 tasse) de poudre de protéines lactosérique aromatisée au chocolat
10 g (2 c. à table) de poudre de cacao non sucrée
15 ml (1 c. à table) de sirop aromatisé au chocolat (sans sucre)

Dans un mélangeur, combiner les ingrédients et mélanger jusqu'à l'obtention d'une consistance lisse et onctueuse.

**INFOS :**
280 calories, 5 g de lipides, 46 g de protéines, 19 g de glucides et 6 g de fibres alimentaires, pour un total de 13 g de glucides utilisables

# COUPE CHOCOLATÉE
# À FAIRE MOURIR

Dans cette recette, j'ai combiné tous les
ingrédients chocolatés que j'avais sous la main.
Maintenant, goûtez-moi cela !

70 g (1/2 tasse) de crème glacée au
   chocolat (sans sucre ajouté)
360 ml (1 1/2 tasse) de breuvage laitier
   chocolaté faible en glucides
16 g (2 c. à table) de poudre de protéines
   lactosérique aromatisée au chocolat
30 ml (2 c. à table) de sirop aromatisé
   au chocolat (sans sucre)
10 g (2 c. à table) de poudre de
   cacao non sucrée

Dans un mélangeur, combiner
les ingrédients et mélanger
jusqu'à l'obtention d'une
consistance lisse et onctueuse.

**INFOS :**
137 calories, 3 g de lipides,
24 g de protéines, 8 g de
glucides et 4 g de fibres
alimentaires, pour un total
de 4 g de glucides
utilisables

# MIGNON PLAISIR

Chocolat, rhum et noix de coco... Et dire que c'est bon pour la santé !

240 ml (1 tasse) de breuvage laitier
    chocolaté faible en glucides
120 ml (1/2 tasse) de lait de coco léger
16 g (2 c. à table) de poudre de protéines
    lactosérique aromatisée au chocolat
1,25 ml (1/4 c. à thé) d'extrait de noix de coco
1,25 ml (1/4 c. à thé) d'extrait de rhum
2 glaçons
1,25 ml (1/4 c. à thé) de gomme de guar
    ou de xanthane

Dans un mélangeur, combiner les ingrédients et mélanger jusqu'à l'obtention d'une consistance lisse et onctueuse.

**INFOS :**
180 calories, 8 g de lipides, 23 g de protéines, 7 g de glucides et 1 g de fibres alimentaires, pour un total de 6 g de glucides utilisables

# SMOOTHIE AU YOGOURT CHOCOLATÉ

En règle générale, je ne trouve pas que les saveurs du yogourt et du chocolat vont bien ensemble. Cette recette a pourtant donné un résultat étonnant. Si vous désirez profiter des bienfaits du yogourt, en plus de vous « chocochatouiller » le palais, essayez ce breuvage !

125 g (1/2 tasse) de yogourt nature (sans gras)
240 ml (1 tasse) de breuvage laitier chocolaté faible en glucides
16 g (2 c. à table) de poudre de protéines lactosérique aromatisée à la vanille
5 g (1 c. à table) de poudre de cacao non sucrée
7,5 ml (1/2 c. à table) de Splenda
2 à 3 glaçons

Dans un mélangeur, combiner les ingrédients et mélanger jusqu'à l'obtention d'une consistance lisse et onctueuse.

**INFOS :**
285 calories, 7 g de lipides, 41 g de protéines, 10 g de glucides et 4 g de fibres alimentaires, pour un total de 6 g de glucides utilisables

# SMOOTHIE AUX SAVEURS DE CHOCOLAT ET DE FRAMBOISE

Incroyablement savoureux ! Si vous le désirez, remplacez les framboises par des fraises congelées.

360 ml (1 1/2 tasse) de breuvage laitier chocolaté faible en glucides
120 g (1/2 tasse) de framboises congelées
32 g (1/4 tasse) de poudre de protéines lactosérique aromatisée au chocolat
5 g (1 c. à table) de poudre de cacao non sucrée
13 g (2 c. à table) de graines de lin moulues

Dans un mélangeur, combiner les ingrédients et mélanger jusqu'à l'obtention d'une consistance lisse et onctueuse.

**INFOS :**
360 calories, 11 g de lipides, 49 g de protéines, 22 g de glucides et 13 g de fibres alimentaires, pour un total de 9 g de glucides utilisables

# SMOOTHIE À LA VANILLE ET AU CARAMEL

Je suis une accro du chocolat, tandis que mon mari partage sa « dépendance » entre la vanille et le caramel. Pour lui faire plaisir, j'ai combiné les deux saveurs dans ce smoothie.

70 g (1/2 tasse) de crème glacée à la vanille (sans sucre ajouté)
240 ml (1 tasse) de breuvage laitier faible en glucides
16 g (2 c. à table) de poudre de protéines lactosérique aromatisée à la vanille
15 ml (1 c. à table) de sirop aromatisé au *dulce de leche* ou au caramel (sans sucre)
2,5 ml (1/2 c. à thé) d'extrait de vanille
Gomme de guar ou de xanthane

Dans un mélangeur, combiner les ingrédients et mélanger jusqu'à l'obtention d'une consistance lisse et onctueuse.

**INFOS :**
246 calories, 10 g de lipides, 33 g de protéines, 6 g de glucides et 1 g de fibres alimentaires, pour un total de 5 g de glucides utilisables*

112

* Ce calcul ne tient pas compte des polyols contenus dans la crème glacée.

# SMOOTHIE AUX QUATRE SAVEURS

J'ai entendu parler de cette combinaison de saveurs, qui m'a intriguée au point de la mettre à l'essai dans un smoothie. Super !

360 ml (1 1/2 tasse) de breuvage laitier faible en glucides
16 g (2 c. à table) de poudre de protéines lactosérique aromatisée à la vanille
2,5 ml (1/2 c. à thé) de cristaux de café instantané
0,5 ml (1/8 c. à thé) d'extrait d'orange
Gomme de guar ou de xanthane

Dans un mélangeur, combiner les ingrédients et mélanger jusqu'à l'obtention d'une consistance lisse et onctueuse.

**INFOS :**
114 calories, 2 g de lipides, 22 g de protéines, 3 g de glucides et 1 g de fibres alimentaires, pour un total de 2 g de glucides utilisables

# SMOOTHIES AUX SAVEURS EXOTIQUES

Pendant la période où j'étais à la recherche de nouvelles combinaisons de saveurs dans le cadre de la rédaction de ce livre, je me suis surprise à regarder différemment certaines recettes de cocktails alcoolisés. J'y ai découvert plusieurs mélanges délectables. Faites comme moi ; vous pourriez découvrir d'intéressants mélanges qui vous aideront à faire de formidables smoothies.

# PIÑA COLADA

Noix de coco, ananas et rhum : il ne manque que le petit parapluie !

245 g (1 tasse) de yogourt nature (sans gras)
120 ml (1/2 tasse) de lait de coco léger
30 ml (2 c. à table) de sirop aromatisé
    à l'ananas (sans sucre)
2,5 ml (1/2 c. à thé) d'extrait de rhum
2,5 ml (1/2 c. à thé) d'extrait de noix
    de coco

Dans un mélangeur, combiner les ingrédients et mélanger jusqu'à l'obtention d'une consistance lisse et onctueuse.

**INFOS** :
197 calories, 6 g de lipides, 15 g de protéines, 22 g de glucides et 0 g de fibres alimentaires, pour un total de 22 g de glucides utilisables

# DAIQUIRI
# AUX FRAISES

Un goût frais et stimulant !

245 g (1 tasse) de yogourt nature (sans gras)
120 ml (1/2 tasse) de breuvage laitier
    faible en glucides
1/2 lime, jus et zeste
5 fraises moyennes, congelées
45 ml (3 c. à table) de sirop aromatisé
    aux fraises (sans sucre)
2,5 ml (1/2 c. à thé) d'extrait de rhum

Dans un mélangeur, combiner les ingrédients et mélanger jusqu'à l'obtention d'une consistance lisse et onctueuse.

**INFOS :**
221 calories, 5 g de lipides, 19 g de protéines, 27 g de glucides et 2 g de fibres alimentaires, pour un total de 25 g de glucides utilisables

# BOISSON TROPICALE

Voici toutes les saveurs tropicales réunies dans un seul breuvage.

245 g (1 tasse) de yogourt nature (sans gras)
120 ml (1/2 tasse) de lait de coco léger
22,5 ml (1 1/2 c. à table) de sirop aromatisé
à l'ananas (sans sucre)
22,5 ml (1 1/2 c. à table) de sirop
aromatisé à la banane (sans sucre)
2,5 ml (1/2 c. à thé) d'extrait de
noix de coco
Gomme de guar ou de xanthane

Dans un mélangeur, combiner les ingrédients et mélanger jusqu'à l'obtention d'une consistance lisse et onctueuse.

**INFOS** :
194 calories, 6 g de lipides, 15 g de protéines, 8 g de glucides et 0 g de fibres alimentaires, pour un total de 8 g de glucides utilisables

# COCKTAIL
# DES CARAÏBES

Cette recette est mon adaptation d'un cocktail servi sur un célèbre navire de croisière. Il n'en tient qu'à vous de recréer l'atmosphère des Caraïbes !

245 g (1 tasse) de yogourt nature (sans gras)
120 ml (1/2 tasse) de jus de mangue faible
   en glucides
1/2 pêche congelée
15 ml (1 c. à table) de sirop aromatisé
   à l'ananas (sans sucre)
1,25 ml (1/4 c. à thé) d'extrait de noix de coco

Dans un mélangeur, combiner les ingrédients et mélanger jusqu'à l'obtention d'une consistance lisse et onctueuse.

**INFOS :**
151 calories, des traces de lipides, 13 g de protéines, 10 g de glucides et 1 g de fibres alimentaires, pour un total de 9 g de glucides utilisables

# SMOOTHIE AUX SAVEURS DE CITRON ET DE CANNEBERGE

Croyez-le ou non, j'ai trouvé cette combinaison de saveurs dans une recette de martini. Évidemment, le gin et le vermouth ne sont pas de la partie.

245 g (1 tasse) de yogourt nature (sans gras)
120 ml (1/2 tasse) de breuvage laitier faible
    en glucides
30 g (1/4 tasse) de canneberges congelées
1,25 ml (1/4 c. à thé) de cristaux à saveur
    de pamplemousse rose (sans sucre)
1,25 ml (1/4 c. à thé) de cristaux à saveur
    citron-lime (sans sucre)

Dans un mélangeur, combiner les ingrédients et mélanger jusqu'à l'obtention d'une consistance lisse et onctueuse.

**INFOS :**
202 calories, 4 g de lipides,
19 g de protéines, 8 g de
glucides et 1 g de fibres
alimentaires, pour un total
de 7 g de glucides
utilisables

# De la même auteure aux Éditions AdA

### 500 recettes à faible teneur en glucides

D'accord, vous vous êtes finalement décidé. Vous avez opté pour une alimentation à faible teneur en glucides. Et peu importe le régime hypoglucidique que vous suivez, vous découvrez enfin qu'il vous est possible de perdre du poids sans ressentir constamment la faim. Sans parler de l'énergie qui semble ne plus vous quitter et de votre santé qui s'améliore rapidement.

Or, il y a un petit problème : s'il vous faut envisager de devoir manger un seul jour de plus des œufs au petit-déjeuner, de la salade de thon au déjeuner et un hamburger sans pain au dîner, vous allez hurler — ou pire, vous faire livrer une pizza !

### 200 recettes faibles en glucides pour la mijoteuse

Ah, les merveilles d'une mijoteuse ! Après une longue journée de travail, vous passez la porte et l'arôme d'un plat chaud cuisiné à la maison emplit vos narines. Vous n'avez pas besoin de courir du réfrigérateur au garde-manger à la cuisinière, et inversement, pour préparer le repas. Cela revient presque à avoir un chef à la maison !

Mais pour les diètes faibles en glucides, les recettes traditionnelles pour la mijoteuse peuvent poser problème. En effet, plusieurs sont à base de pommes de terre, de pâtes, de riz et de soupes en conserve riches en féculents. Et si vous avez tenté de créer vos propres recettes pour la mijoteuse, vous pouvez avoir trouvé que les résultats n'étaient pas très convaincants — trop souvent les aliments pouvaient être mous, fades et détrempés.